AF456121

LA VEUVE *INDÉCISE*,

OPÉRA-COMIQUE

De feu Monſieur VADÉ;

PARODIE

DE LA VEUVE COQUETTE.

Repréſentée pour la premiere fois ſur le Théâtre de l'Opéra-Comique, à la Foire S. Laurent, le Lundi 24 Septembre 1759.

Nouvelle Edition, corrigée & augmentée, telle qu'on la joue actuellement.

Par M. ANSEAUME.

Le prix eſt de 24 ſols.

A PARIS.

Chez DUCHESNE, Libraire, rue Saint Jacques, au-deſſous de la Fontaine Saint Benoît, au Temple du Goût.

M. DCC. LIX.

Avec Approbation & Privilége du Roi.

ACTEURS.

ALISON, *Veuve.*

SUSON, *ſa Couſine.*

MATHURIN, } Tous deux amoureux d'Aliſon.

COLIN. }

LA VEUVE *INDÉCISE.*

SCENE PREMIERE.

ALISON.

Ariette.

D'UN triste veuvage
Je voudrois sortir :
On peut, à mon âge,
Recevoir l'hommage
Qu'offre le plaisir.
Colin en partage
Prétend m'obtenir ;

Mathurin fait rage,
Et veut mettre ombrage
A son desir.
D'un dur esclavage
L'Amour dédommage.
Qui des deux choisir?
Mais je présage
Que le repentir
Pourroit venir.

Allons à ce sujet consulter ma cousine, & profitons de ses conseils.

(*Elle sort.*)

SCENE II.

MATHURIN, COLIN.

MATHURIN.

OUI, te dis-je; son penchant pour moi la détermine.

COLIN.

Oh! je suis sûr que c'est moi qu'elle va couronner.

Duo.

MATHURIN.	COLIN.
N'y prétends pas.	
	N'y prétends pas;

De ma richesse
Elle fait cas,
N'y prétends pas.

De ma richesse
Elle fait cas.
Tiens, crois-moi, cesse
Ces vains débat ;
N'y prétends pas.

Car ma tendresse
Vaut tes ducats.

N'y prétends pas ;
Car ma tendresse
Vaut tes ducats.
Je veux sans cesse
Suivre ses pas ;
N'y prétends pas.

MATHURIN.

Mais quel droit as-tu pour y prétendre ?

COLIN.

Eh ! quel droit as-tu, toi, de me la contester ?

MATHURIN.

Moi ? j'étois l'ami du défunt ; elle m'aimoit aussi dès ce tems-là : ainsi j'ai pour moi l'ancienneté.

COLIN.

Oh ! moi, c'est depuis son veuvage qu'elle m'aime ; ainsi j'ai pour moi la nouveauté.

MATHURIN.

Arrange-toi comme tu voudras, mais je n'en démordrai pas.

COLIN.

Ni moi non plus.

MATHURIN.

Eh! mais! tu veux donc te faire frotter ?

COLIN.

Par qui ?

MATHURIN.

Par moi.

Duo.

MATHURIN.	COLIN.
	Tu le veux donc ?
Ah! voyons donc ;	
C'eſt tout de bon :	Oui, tout de bon ;
Pauvre garçon !	Pauvre garçon !
Tais-toi, poltron.	Tais-toi, poltron.
Commence donc :	
	Commence donc :
C'eſt tout de bon,	
	Oui, tout de bon.
Pauvre garçon !	
	Tais-toi, poltron ;
Tais-toi, poltron,	Tais-toi, poltron,
Poltron, poltron.	Poltron, poltron.

SCENE III.

ALISON, SUZON, MATHURIN, COLIN.

SUSON, *accourant.*

POurquoi donc tout ce bruit ?

ALISON.

Pourquoi donc tout ce vacarme ?

MATHURIN.

C'eſt lui qui veut me diſputer ton cœur.

COLIN.

C'eſt lui qui prétend l'emporter ſur moi.

ALISON.

Mais vraiment cela me fait honneur.

MATHURIN.

C'eſt votre faute auſſi.

ALISON.

Pourquoi donc ?

COLIN.

Sans doute, depuis ſix mois que vous nous bercez d'eſpérance.

SUSON.

Ils ont raison ; pourquoi ne pas se déterminer ?

ALISON.

Cela t'est bien aisé à dire ; mais je considere bien des choses.

SUSON.

Quoi ?

ALISON.

Ce n'est pas un marché d'un jour ; j'ai le bonheur d'être veuve : si j'étois sûre de l'être une seconde fois, je n'y regarderois pas de si près.

SUSON.

Tu plaisantes, mais il faut une fin.

MATHURIN

Sans doute il faut une fin.

COLIN.

Eh ! faut-il tant barguigner ? Dites-nous vos sentimens une bonne fois.

ALISON.

ARIETTE *en Dialogue.*

Je vais faire un heureux.

SUSON.

Lequel des deux....

MATHURIN & COLIN.

Aimes-tu mieux?

COLIN.

Que mon ardeur
Touche ton cœur.

MATHURIN.

A mon amour
Céde en ce jour.

ALISON.

Je vais choisir.

MATHURIN.

Ah! je le croi,
Ce sera moi?

COLIN.

Ce sera moi;
J'aurai sa foi.
Décide-toi,
Décide-toi.

ALISON.

Mais!

COLIN.

Quoi!

ALISON.

Mais!

MATHURIN.

Quoi!

SUSON.

Décide-toi.

ALISON.

Oh ! non, ma foi.

COLIN.

Ce ſera moi ;
J'aurai ſa foi.

MATHURIN.

Oh ! Je le croi,
Ce ſera moi ?

MATHURIN & COLIN.

Décide-toi.

ALISON.

Oh ! non, ma foi.

MATHURIN

Il n'y a qu'un mot qui ſerve. Voyons.

COLIN.

Que de façons ! parlez.

ALISON.

Oh ! plus vous me preſſez, moins je pourrai me décider. Donnez-moi du moins le tems de réfléchir.

(*A Mathurin.*) ARIETTE.

Votre caractere
Eſt vif & ſincere ;
Votre amour conſtant
Mérite aſſurément
Que l'on vous préfere
A tout autre Amant.

MATHURIN.

Quel aveu charmant !

COLIN.

Ah ! Dieux, Quel tourment !

ALISON, *à Colin.*

Ta flamme m'eſt chere ;
Chut ! c'eſt un myſtere ;
Ton amour conſtant
Mérite aſſurément,
Que l'on te préfere
A tout autre Amant.

COLIN.

Quel retour charmant !

MATHURIN.

O Dieux ! quel tourment !

ALISON.

Que pour me plaire
Chacun perſévére :
Peut-être un bon moment
Finira le myſtere.
Un cœur qui differe
Agit prudemment.

MATHURIN.

Ingrate ! ſur un tel caprice je vais réfléchir à mon tour. *(Il ſort.)*

SCENE IV.

SUSON, ALISON, COLIN.

SUSON.

QUoi! toujours balancer!

COLIN.

Jarni, pourquoi faut-il que je sois amoureux?

ALISON.

Suson, conseille-moi.

COLIN.

Que voulez-vous qu'elle vous dise? C'est votre cœur qui doit vous conseiller.

SUSON.

C'est bien dit. Que ne prends-tu Colin?

ALISON.

J'aurois bien aimé Mathurin; mais, non; il me semble que tu as raison: Colin est mieux mon fait. Va je te prends.

COLIN.

Que je suis satisfait! Oh! tatigoi, vous ne vous repentirez pas de la préférence que vous me donnez.

ARIETTE.

Oui, c'eſt un parti ſage :
Aliſon ſçait choiſir ;
Car je puis en ménage
Remplir tout ſon deſir.
Je ſuis homme à l'épreuve,
Un vrai mari de veuve.
Demandez au Canton
Si je ſuis bon luron,
Si je ſuis franc garçon ;
On ne vous dira pas, non :
Car je puis en ménage
Remplir tout ſon deſir.
Déjà mon cœur nage
Dans le plaiſir.
Je ſuis homme à l'épreuve,
Un vrai mari de veuve.
Demandez au Canton
Si je ſuis bon luron,
Si je ſuis franc garçon ;
On ne vous dira pas, non;
Et tous à l'uniſſon
Vous diront : Colin eſt bon,
bon, bon, bon, bon.

ALISON.

Suſon, ai-je bien fait ?

SUSON.

Oui, j'approuve ton choix,

ALISON.

Mathurin va faire le Diable. Il eſt riche & puiſſant dans le village. Il peut nous nuire, & je crains....

COLIN.

Ne craignez rien. Je vais l'obſerver. *(Il ſort.)*

SCENE V.

SUSON, ALISON.

ALISON, *rêvant.*

OUi, oui, je ferois mieux....

SUSON.

A quoi rêves-tu?

ALISON.

C'eſt que....

SUSON.

Eh! bien?

ALISON.

C'eſt que... tiens, il faut te le dire, Colin ne m'aura pas.

SUSON.

Bon! autre caprice! & tu viens de le lui promettre.

ALISON.

C'eſt vrai; mais j'ai eu tort.

SUSON.

Que peux-tu lui reprocher? Il eſt jeune, il t'aime....

ALISON.

Mais il n'a rien.

SUSON.

ARIETTE.

Dans le Mariage
A quoi ſert le bien?
L'Epoux qui n'a rien
Eſt beaucoup plus ſage,
Eſt bien moins volage.
L'Epoux qui n'a rien
Jamais ne partage.
Un tendre langage,
C'eſt de tout ménage
Le plus doux lien.
Toujours empreſſé,
Jamais courroucé,
Le Mari demande;
La Femme commande;
Et voit les plaiſirs
Prévenir ſes deſirs.

ALISON.

Tu as beau dire, je crois pourtant que Mathurin feroit mieux mon affaire.

SUSON.

Quel esprit indécis!

ALISON.

Dis-lui que je veux lui parler.

SUSON.

J'y cours de ce pas.

(*Elle sort.*)

SCENE VI.

ALISON *seule.*

ARIETTE.

IL est convenable
Qu'une femme raisonnable;
Quand il s'agit d'un choix,
Regarde à deux fois.
Colin est aimable,
Je m'en apperçois;
Mais Mathurin est agréable.
Hélas! pour chacun
Mon cœur est sensible.

Des

Des deux que n'est-il possible
De n'en faire qu'un ?
Colin gémira ;
Mais enfin n'importe :
Mathurin l'emporte,
Il m'épousera.

SCENE VII.

MATHURIN, ALISON.

MATHURIN.

Suson vient de me dire que vous vouliez me parler.

ALISON.

Oui, cela est vrai.

MATHURIN.

Et est-il vrai encore ce qu'elle m'a dit ?

ALISON.

Quoi ?

MATHURIN.

Que vous aviez, enfin, rendu justice à mon amour.

ALISON.

Oui, cela est vrai.

MATHURIN.

Ah! si tu sçavois à quel point ma flamme....

ALISON.

Elle est entre nous mutuelle.

MATHURIN.

ARIETTE.

Chere Alison, Mon cœur gémissoit,
Palpitoit
Dans le doute:
Mais le plaisir devient bien plus flatteur
Par les peines qu'il coûte.
Ah! combien ce soir,
Je vais en avoir
A te posséder toute!
Je t'embrasserai,
Te dorloterai;
Je te conterai,
Je t'endormirai;
Je te bercerai,
Te réveillerai,
Puis je te dirai
Tout ce qui te flatte:
Ton œil guilleret,
Dont le feu me plaît,
Autant m'en dira:
Tout pour moi sera.

Récitatif obligé.

Je vais tout diposer pour notre Mariage.

ALISON.

Ne tarde pas.

MATHURIN.

Je reviendrai bientôt.

Souffre que ſur ta main mon amour prenne un gage.

ALISON.

Volontiers.

MATHURIN.

Mon rival ſera ma foi bien ſot.

(Il ſort.)

SCENE VIII.

SUSON, ALISON.

SUSON.

EH! bien, couſine, es-tu contente?

ALISON.

Oui.

SUSON.

Ton choix eſt donc fait?

ALISON.

Oui.

SUSON.

Quel effort ! & c'eſt ſans retour ?

ALISON.

Oui, oui, ne crains rien.

SUSON.

Au bout du compte, tu as fort bien fait.

ARIETTE.

Eh ! pourquoi tant attendre,
S'il faut paſſer par-là ?
Le ſoin de ſe défendre
Ne ſert pas de cela.
C'eſt un meuble néceſſaire
Que d'avoir un Epoux.
Au haſard pourvoyons-nous,
Le choix n'avance guere.
Volages & jaloux,
Ils ſe reſſemblent tous.
Il nous faut au Village
Un mari jeune & dodu.
A cela près, femme ſage
Prend le premier venu.

Couſine, allons de la gaieté, penſe à ton hymen.

ALISON.

Je n'y penſe que trop.

SUSON.

Comment !

ALISON.

Je ne ſçais.... mais....

SUSON.

Tu ne voudrois pas te dédire, peut-être ?

ALISON.

Pourquoi non ?

SUSON.

Mais, tu deviens donc folle ?

ALISON.

Il y va de ma liberté.

SUSON.

Tout comme il vous plaira. Je ne vous conçois plus.

ALISON.

Qu'eſt-ce que cela te fait ? Tu peux t'engager, ſi tu veux.

SUSON.

Mais enfin, pour qui penches-tu ?

ALISON.

Je ſuis encore indéciſe. Mathurin m'aime, il eſt vrai. Il eſt riche, j'en conviens; mais il eſt ſi délicat... un mari comme celui-là ne dureroit pas ſix mois.

SUSON.

C'eſt donc pourquoi il faut s'en tenir à Colin.

ALISON.

Mais je te l'ai dit, il n'a pas de bien.

SUSON.

Si ces deux-là ne te conviennent pas, cherches-en un troiſieme.

ALISON.

Ne penſe pas rire, chacun d'eux n'a que la moitié des qualités que je voudrois trouver dans un mari, & c'eſt ce qui cauſe mon embarras.

SUSON.

Il faut te décider. J'attends que tu ayes fait ton choix pour faire le mien, & je m'en ennuye à la fin.

ALISON.

En ce cas, choiſis toi-même qui tu voudras; car je ne veux plus ni de l'un ni de l'autre.

(*Elle ſort.*)

SCENE IX.

SUSON, *seule.*

ARIETTE.

UN aveu mérité
Pénetre, enchante,
Quand il est dicté
Par la sincérité.
La grace touchante
De l'ingénuité,
Toujours augmente
La beauté ;
Mais la plus charmante
Qui suit la pente
De l'inégalité,
N'est jamais contente ;
Une flamme inconstante
Sans cesse épouvante
La volupté.

SCENE X.

SUSON, MATHURIN, COLIN.

MATHURIN, *à Colin.*

JE te fais compliment.

COLIN, *à Mathurin.*

Oh! je te félicite.

SUSON, *à part.*

C'est bon; chacun de son côté s'imagine avoir réussi.

MATHURIN.

On se rend à tes vœux.

COLIN.

Point du tout. C'est à ton mérite.

MATHURIN, *à part.*

Il pense l'épouser.

COLIN.

Il croit l'emporter sur moi. Parbleu, je veux m'en divertir.

MATHURIN.

Je ne puis m'empêcher de rire.

SUSON.

Oh ! oui, la choſe eſt fort plaiſante.

Duo.

MATHURIN.	COLIN.
On la lui garde,	
	C'eſt lui qui l'aura.
Ah, ah, ah, ah.	Ah, ah, ah, ah, ah.
Ce minois-là	
	Ce bijou-là
L'épouſera.	
	L'emportera.
Tiens, tiens, regarde;	Tiens, tiens, regarde;
Vois-tu cela?	Vois-tu cela ?
On t'en ratiſſera.	On t'en ratiſſera.

MATHURIN.

Tiens, vois-tu : ſi Aliſon ne prononce pas en ma faveur, je perds cent écus.

COLIN.

J'y conſens.

SUSON.

Eh ! bien, ils ſont perdus.

MATHURIN.

Pourquoi donc ?

SUSON.

C'eſt qu'à vous deux ma couſine renonce.

Duo.

MATHURIN.	COLIN.
Ah ! la diableſſe !	Ah ! la tigreſſe !
Pauvre Colin,	Cher Mathurin,
Notre tendreſſe	Notre tendreſſe
A même ſort,	A même ſort,
Et la tigreſſe	Et la tigreſſe
Nous met d'accord.	Nous met d'accord.
Elle a tort.	
	Très-tort.
Ah ! la diableſſe !	Ah ! la diableſſe !
Pauvre Colin,	Cher Mathurin,
Notre tendreſſe	Notre tendreſſe
A même ſort,	A même ſort,
Et la tigreſſe	Et la tigreſſe
Nous met d'accord.	Nous met d'accord.
Elle a tort.	
	Très-tort.

MATHURIN.

Morgué, v'là qu'eſt fini, je n'y penſe plus.

SUSON.

Eh ! bien, tiens, ſi tu veux.....

MATHURIN.

Si je veux..... oh ! ſi tu veux toi-même : je ne demande pas mieux ; accepte ma main.

SUSON.

Ma cousine fait une sottise ; je me garderai bien de l'imiter.

COLIN.

Vous avez raison. (*A part.*) Bon ! mon rival me laisse le champ libre ; quand je serai tout seul, il faudra bien qu'Alison me choisisse. (*Haut.*) Mais la voici.

SCENE XI.

SUSON, ALISON, COLIN, MATHURIN.

SUSON.

ALison, viens donc vîte.

ALISON.

Pourquoi faut-il doubler le pas ?

SUSON.

Mathurin.....

ALISON.

Mathurin.

COLIN.

Epouse ta cousine.

ALISON.

Bon ! quel conte !

MATHURIN

Eh ! non, non, ce n'eſt point un conte.

ALISON.

Plaît-il ?

SUSON.

C'eſt en honneur.

ALISON.

O Dieux !

ARIETTE.

Quelle inſolence !
Quelle impudence !
Ah ! peut-on voir
Un trait plus noir.
Tous trois d'intelligence
Tramer mon déſeſpoir !
Au moins d'avance
Il falloit ſçavoir
Que votre inconſtance
Romproit l'alliance
Qu'on me faiſoit prévoir.

SUSON.

Dame, arrange-toi donc. Tu le veux, puis tu ne le veux plus. Après cela tu le regrettes ; on n'a jamais vu d'eſprit comme le tien.

ALISON.

Taiſez-vous.

SUSON.

La choſe n'eſt pas faite ; ſi tu veux, je te cederai mes droits.

MATHURIN, *à Suſon.*

Mais qu'eſt-ce que vous faites donc, vous, à votre tour ?

COLIN.

Pourquoi donc cela ? Vous êtes ſi bien enſemble ; & pargué, tenez-vous y.

SUSON, *bas à Mathurin.*

Ne crains rien ; c'eſt pour l'amener où nous voulons. (*Haut à Aliſon.*) Eh ! bien, le cœur t'en dit-il ?

COLIN.

Fi donc, encore une fois.

SUSON.

Moi, je prendrai Colin.

ALISON.

Oui-dà.

ARIETTE.

Non pas, ma mie ;
Gardez vos nœuds ;
Celui qui vous lie

Flatte trop vos vœux :
Je ſuis ravie
Qu'un tel amoureux
Enfin juſtifie
L'excès de vos feux.
Mais moi, je veux
N'aimer de ma vie ;
J'en joüirai mieux.
Je ſuis ravie
Qu'un tel amoureux
Enfin juſtifie
L'excès de vos feux.

COLIN.

Vous avez raiſon ; auſſi-bien quand vous le voudriez, je ne le voudrois plus.

ALISON.

Toi ?

COLIN.

Non, & je vais de ce pas trouver Claudine.

ALISON.

Tu l'aimes donc ?

COLIN.

Oh ! que cela ne vous inquiette pas.

ALISON.

Perfide !

COLIN.

A la bonne heure; mais j'ai pris mon parti.

ALISON.

Ecoute-moi donc.

COLIN.

Non.

ALISON.

Colin?

COLIN.

Adieu.

ALISON.

Viens donc, j'ai quelque choſe à te dire.

COLIN.

Qu'eſt-ce que c'eſt?

ALISON, *lui tendant la main.*

Touche-là, je te donne la préférence.

COLIN.

Je crois bien, parce que je ſuis tout ſeul.

ALISON.

Non, c'eſt parce que je t'aime.

COLIN.

Eſt-il bien vrai?

ALISON.

Oui.

COLIN

Puis-je compter ſur toi?

ALISON.

J'en fais ſerment.

MATHURIN, *à Colin.*

Si tu lui donnes encore le tems de la réflexion, elle pourroit bien ſe dédire. Jarni, prends-la au mot.

COLIN.

Tu as raiſon. (*A Aliſon.*) Eh! bien, c'eſt fait; allons vîte chez le Notaire.

MATHURIN.

Ne faiſons qu'une ſeule nôce pour nous quatre, & vive la joye.

QUATUOR.

Tu m'obtiens,
Je t'obtiens,
Mes plaiſirs ſont les tiens:
Plus d'allarmes;
Tous les biens,
Tous les charmes,
Sont dans nos liens.

VAUDEVILLE. *

Air : La raiſon propoſe.

UNE Fille à dix-huit ans
A de la prudence,
Sur le choix de ſes Amans
Quand elle balance.
Lorſqu'elle eſt ſur le retour ;
Et qu'on lui parle d'amour,
C'eſt une ſottiſe
Que d'être indéciſe.

❖

Pour l'hymen faut-il quitter
Un Amant ſincere.
Ce n'eſt pas ſans héſiter
Sur ce qu'on va faire.
Mais ſi chez notre vainqueur
Nous voyons quelque froideur ;
C'eſt une ſottiſe
Que d'être indéciſe.

❖

Si quelque riche barbon
Près de nous ſoupire ;

* *Ce Vaudeville eſt de M.* NAU.

Ne repondons oui ni non
A ce qu'il desire.
Mais si, par un bon contrat
Il nous assure un état,
C'est une sottise
Que d'être indécise.

Lorsqu'une Belle, en aimant,
Cherche le mystere;
Qu'elle veut secrettement
Voguer à Cythere,
Entre nos petits Colets
Et tous ces fringants Plumets,
C'est une sottise
Que d'être indécise.

COLIN, *à Alison.*

Balancez à m'épouser,
J'y consens, ma chere;
Si moudre, bluter, sasser
Vous pouvez tout faire;
Mais puisque votre moulin
Ne peut aller sans Colin,
C'est une sottise
Que d'être indécise.

AU PARTERRE.

Voici le moment, Meſſieurs,
D'une épreuve rude.
Pour l'Auteur & les Acteurs
Quelle incertitude!
Par un geſte de la main
Décidez notre deſtin.
Frappez la repriſe
De la Veuve Indéciſe.

Lû & approuvé. A Paris ce 22 *Octobre* 1759. CREBILLON.

Vu l'approbation, permis d'imprimer à la charge d'enregiſtrement à la Chambre Syndicale, le 23 Octobre 1759. BERTIN.

LE Privilege général de toutes les Œuvres de M. Vadé a été accordé au Sieur Duchêne le 22 *Avril* 1755, *& a été regiſtré en la Chambre Royale & Syndicale des Libraires & Imprimeurs de Paris, le* 22 *du même mois.*

CATALOGUE des Piéces des Comédies Françoises & Italienne, & Opéra-Comiques qui se vendent détachés.

Du Théâtre François.

DE M. DE VOLTAIRE.

ALzire, Tragédie.
Zaïre, Tragédie.
Mahomet, Tragédie.
La mort de César, Tragédie.
Hérode & Mariamne, Tragédie.
Rome sauvée, Tragédie.
Sémiramis, Tragédie.

Du Théâtre François in-12. de M. de MARIVAUX.

Le Pere prudent & équitable.
Annibal, Tragédie.
Le Dénouement imprévu.
L'Isle de la Raison.
La surprise de l'Amour Commédie Françoise.
La Réunion des Amours.
Les sermens indiscrets.
Le Petit-Maître corrigé.
Le Legs, Comédie.
Le Prejugé vaincu.
La Dispute.

Théâtre Italien du même Auteur.

Le Triomphe de Plutus.
Le Triomphe de l'Amour.
L'Ecole des Meres.
L'Heureux stratagême.
La Méprise.
La Mere confidente.
Les fausses confidences.
La Joye imprévue.
Les Sinceres.
L'Epreuve.

Du Théâtre François in-8°. de M. de BOISSY.

L'Amant de sa femme.
L'Impatient.
Le Babillard.
Admete & Alceste, Tragédie.
Le François à Londres.
L'Impertinent malgré lui.
Le Badinage.
Les deux Niéces.
Le pouvoir de la Sympathie.
Les Dehors trompeurs.
L'embarras du Choix.
L'Epoux par supercherie.
La Fête d'Auteuil.
Le Sage étourdi.
Le Médecin par occasion.
La Folie du jour.

Théâtre Italien du même Auteur.

Le Triomphe de l'Interêt.
Le Je-ne-sais-quòi.
La Critique.
La Vie est un songe.
Les Etrennes, ou la Bagatelle.
La surprise de la haine.
L'Apologie du Siecle.
Les Billets doux.
Les Amours anonymes.
Le Comte de Nully.
La quatre Etoiles.
Le Rival favorable.
Les talens à la mode.
Cantatille nouvelle des talens à la Mode.
Le Mari Garçon.
Pamela en France.
Le Plagiaire.
Le Retour de la Paix, Comédie.
Le Prix du Silence, Comédie.
La Frivolité, Comédie.

Théâtre François in-12. de M. PIRON.

L'Ecole des Peres, Comédie.
Callisthene, Tragedie.
Les Courses de Tempé, Pastorale.
Gustave, Tragédie.
La Métromanie, Comédie.
Fernand Cortès, Tragédie.

De M. de SAINT FOIX.

Le Philosophe dupe de l'Amour.
Les parfaits Amans, Comédie.
Alceste, Divertissement.
Les Hommes, Comédie, Ballet.
Les Veuves, Comédie.
La Colonie, Comédie.

*De M. de V***.*

Les Mariages assortis, Comédie.
La Coquette fixée, Comédie.
Le Réveil de Thalie, Comédie.
L'Ecole du Monde, Comédie.
Le Retour de l'ombre de Moliére, C.
La fausse Prévention, Comédie.

De M. DUCHÉ.

Absalon, Tragédie sainte.
Debora, Tragédie sainte.

Jonathas, Tragédie sainte.

De M. FAGAN.

L'Amitié Rivale.
La Pupille.
Le Rendez-vous.
La Grondeuse.
L'Isle des Talens.

De M. PESSELIER, in-8°.

La Mascarade du Parnasse.
L'Ecole du tems.
Esope au Parnasse.
Etrennes d'une jeune Muse.
Le Songe de Cydalise.

De M. GUYOT DE MERVILLE, in-8°.

Les Impromptus de l'Amour.
Les Mascarades Amoureuses.
Le Dédit inutile.
Les Dieux travestis.

De M. AVISSE, in-8°.

La Gouvernante.
Le Valet embarrassé.

De M. DE LA GRANGE, in-8°.

Le déguisement.
Les Contre-tems.
L'Italien Marié à Paris, Comédie.
L'accommodement imprévu.
Le rajeunissement inutile.

De MM. ROMAGNESI & RICCOBONI.

Les Ennuis du Carnaval, Coméd.
Achille & Déidamie, Parodie.
Les Sauvages, Parodie.
Les Fées, Comédie.
Les Gaulois, Parodie.
La Fille Arbitre, Comédie.

Piéces détachées du Théâtre François in-8°.

LE Magnifique, Comédie.
Antoine & Cléopâtre, Tragédie.
La double Extravagance.
Alexandre, Tragédie.
Adam & Eve, Tragédie.
Benjamin, ou la reconnoissance de Joseph, Tragédie.
Amalaric, Tragédie.
Bajazet V. Emper. des Turcs, Tra.

1759.

L'Isle déserte, Comédie.

Du Théâtre François in-12.

Les Souhaits, Comédie.
Vanda, Reine de Pologne, Trag.
Le Plaisir, Comédie avec la Musiq.
Le Sot toujours Sot, Comédie.
Caliste ou la Belle Pénitente, Trag.
Cénie, Piéce Dramatique.
La Fille d'Aristide, 1759.
Le Valet Maître, Comédie.
Varon, Tragédie.
La Métempsicose, Comédie.
Les Engagemens indiscrets.
Les Adieux du Goût, Comédie.
Les Tuteurs, Comédie.
La Folie & l'Amour, Comédie.
Mérope, Tragédie.
L'Avocat Patelin, Comédie.
L'Opiniâtre, Comédie.
Les Vapeurs, Comédie.
La Gageure de Village, Comédie.
La Coquette corrigée, Comédie.
Iphigénie en Tauride, Tragédie.

1759.

Hypermnestre, Tragédie.

Du Théâtre Italien, in-12.

La Partie de Campagne, Comédie.
L'Amant Auteur & Valet.
La Gageure, Comédie.
Les Petits-Maîtres, Comédie.
Le Provincial à Paris, Comédie.
La Feinte supposée, Comédie.
La Fausse Inconstance, Comédie.
Le Retour du Goût, Comédie.
Les Lacédémoniennes, Comédie.
Le Prix de la Beauté.
La Campagne, Comédie.
L'Epouse suivante, Comédie.
Les Fêtes Parisiennes, Comédie.

1759.

La Parodie d'Hypermnestre.

Parodies du Théâtre Italien, in-8°.

CYbele amoureuse, Parodie.
L'Ecole de la Raison.
Le Miroir, Comédie.
Le Bacha de Smirne, Comédie.
L'Année Merveilleuse, Comédie.
La mort de Bucephale.
Les Femmes, Comédie-Ballet.
Le Deuil Anglois, Comédie.
La petite Maison, Comédie.
Brioché, Parodie.
Les Jumeaux, Parodie.
L'Amant déguisé, Parodie.
Le Prix des Talens, Parodie.
La Pipée, Comédie.
Musique de la Pipée.
La Sybille, Parodie.
Le Carnaval d'Eté, Parodie.

Catalogue de toutes les Piéces de M. Favart, avec la Musique.

Moulinet premier.
La Chercheuse d'Esprit.
Le Prix de Cythere.
Le Coq du Village.
Acajou, Opéra Comique.
Musique d'Acajou.
Amours Grivois.
Le Bal de Strasbourg.

Suite des Piéces.

La Servante justifiée.
Hippolite & Aricie.
Les Batteliers de S. Cloud.
La Coquette sans le sçavoir.
Thésée, Parodie.
Cythere assiégée.
Musique de Cythere assiégée.
L'Amour au Village.
Les Amans inquiets.
Les Indes dansantes.
Musique des Indes dansantes.
Les Amours champêtres.
Fanfale.
Raton & Rosette.
Musique de Raton & Rosette.
Tircis & Doristhée.
Bajocco.
Les Amours de Bast. & Bastienne.
Le Bal Bourgeois.
Zéphyre & Fleurette.
La Fête d'Amour, Comédie.
Les jeunes Mariés.
La Bohémienne, Comédie.
La Musique de la Bohém. 2 Part.
Les Chinois.
La Musique des Chinois.
Les Nymphes de Diane.
Musique des Nymphes de Diane.
Ninette à la Cour.
La Musique de Ninette, 4 parties.
L'Amour impromptu, Parodie.
Le Mariage par escalade.
La répétition interrompue, Op. C.
Les Ensorcelés, ou Jeannot & Jean.
La Nôce interrompue.
La Fille mal gardée, Parodie.
Ariettes de la Fille mal gardée.
Ballets Comiq. de Don Quichote.
La soirée des Boulevards.
La Musique de la soirée.
Petrine, Parodie de Proserpine.
Le Retour de l'Opéra Comique.

De M. VADÉ.

La Fileuse, Parodie.
Le Poirier, Opéra Comique.
Le Bouquet du Roi.
Le Suffisant.
Les Troqueurs & le Rien, Parodie.
Airs choisis des Troqueurs.
Le Trompeur trompé.
Il étoit tems, Parodie.
La Nouvelle Bastienne, avec la Fontaine de Jouvence.
Les Troyennes de Champagne.
Jerôme & Fanchonnette, Pastor.
Le Confident heureux.
Follette ou l'Enfant gâté.
Nicaise, Opéra Comique.
Les Racoleurs, Opéra Comique.
L'Impromptu du cœur.
Le mauvais Plaisant, Opéra Com.
La Canadienne, Comédie.
La Pipe cassée, Poëme.
Les Bouquets Poissards.
Les Lettres de la Grenouillere.
Œuvres posthumes, faisant le Tome quatrieme, contenant les Amans constans jusqu'au trépas, des Fables & Contes, des Chansons avec la Musique, &c.
La Veuve Indécise, Opéra-Com.

De M. ANSEAUME.

Le Monde renversé.
Bertholde à la Ville, avec les Ariet.
Le Chinois poli en France.
Les Amans trompés, Opéra Com.
La fausse Aventuriere.
Le Peintre amoureux de son mod.
Le Docteur Sangrado, Opér. Com.
Le Médecin d'Amour.
Les Ariettes du Médecin d'Amour.
Cendrillon, Opéra Comique.
L'Yvrogne corrigé, Opéra Com.
Ariettes de l'Yvrogne corrigé.

Suite des Opéra Comiques de différens Auteurs.

Le Troc, Parodie des Troqueurs avec la Musique, 3 liv. 12 sols.
Le Retour favorable.
La Rose ou les Fêtes de l'Hymen.
Le Miroir Magique.
Le Rossignol, avec la Musique.
Le Calendrier des Vieillards.
La Coupe enchantée.
Les Filles, Opéra Comique.
Le Plaisir & l'Innocence.
Les Boulevards.
L'Ecole des Tuteurs.
Zéphire & Flore.
La Péruvienne.
Les Fra-Maçonnes.
L'Impromptu des Harengeres.

Les Desserts des Petits Soupers.
La Bohémienne, avec la Musique.
Le Diable à quatre avec les Ariet.
Les Amours Grenadiers.
La Guirlande.
Le Quartier Général, Opera Com.
Le Faux Dervis, Opera Comique.
Le Nouvelliste, Opéra Comique.
Gilles, Garçon Peintre.
Le Magazin des Modernes.
L'heureux déguisement.
Les Ariettes de l'heureux Déguis.
La Parodie au Parnasse.
Blaise le Savetier, Opéra Comiq.
La Musique du même.

Choix de Piéces du Théâtre de Campagne, représentées dans les sociétés, in-8o.

Les deux Biscuits, Tragédie.
L'Eunuque, Parade.
Agathe ou la chaste Princesse, Par.
Syrop-au-cul, Tragédie.
Le Pot de Chambre cassé, Tragédie pour rire, &c.
Madame Engueule, Parade.

Théâtre Bourgeois, in-12.

Le Marchand de Londres, Tragédie Bourgeoise.
Momus Philosophe, Comédie.
L'Electre d'Euripide, Tragédie.
Abaillard & Héloïse, Piéce Dramatique.
L'Orphelin, Tragédie Chinoise.
La Mahonnoise, Comédie.
La Méchanceté, Parod. d'Astarbé.

PIÉCES ANCIENNES DÉTACHÉES.

Tragédies,

Andromaque.
Ariane.
Athalie, Tragédie sainte.
Catilina, Tragédie.
Cinna.
Electre, *de Crébillon.*
Electre, *de Longepierre.*
Esther, Tragédie.
Iphigénie.
Manlius, Tragédie.
Médée, *de Longepierre, Tragédie.*
Pénélope.
Polieucte, Tragédie sainte.
Pirrhus, *de Crébillon.*
Rhadamiste & Zénobie.
Rodogune.

Comédie par assortiment.

Aveugle clair-voyant.
Amour Médecin.
Andrienne.
Bon Soldat.
Comédie sans titre ou le Mercure Galant.
Coupe enchantée.
Cocher, Comédie.
Cocu imaginaire.
Crispin Médecin.
Deuil.
Epreuve réciproque.
Esope à la Cour.
Esope à la Ville.
Esprit follet.
Faucon.
Femmes sçavantes.
Femme Juge & Partie.
Galand Coureur.
Galand Jardinier.
Homme à bonnes fortunes.
Joueur, *de Regnard.*
Mari retrouvé.
Mere coquette.
Méchant, Comédie
Médée & Jason, Parodie.
Muet.
Nouveauté.
Le Monde nouveau.
Retour imprévu.
Sicilien ou l'Amour Peintre.
Trois Cousines.
Turcaret.
Venceslas.
Vendanges de Surenne.

Opéra Comiques.

Le Retour du Printems.
L'Amante retrouvée, Opéra Comique.
Les quatre Mariannes, Opéra Comique.
Les Pelerins de la Mecque, Opéra Comique.
La Magie inutile.

CATALOGUE DE MUSIQUES
nouvelles relatives aux Pieces de Théâtres, & autres.

L'Amusement des Dames, ou Recueil de Menuets, Contre-Danses, Vaudevilles, Rondes de table, 10 parties, 1 vol. *in*-8°. 12 l.

La Toilette de Vénus dressée par l'Amour, contenant des Menuets, Contre-Danses, Vaudevilles, 10 parties, 1 vol. *in*-8°. 12 l.

Le Passe-tems agréable & divertissant, Vaudevilles, Rondes de Table, Duo, Brunettes & autre, 10 parties, 1 vol. *in*-8°. 12 l.

Les Desserts des petits Soupers de Madame de... 10 parties 1 vol. *in*-8°. 12 l.

L'Année Musicale, contenant un Recueil de jolis airs, Parodies, en 20 parties, formant 2 vol. *in*-8°. 24 l.

Les Thémiréïdes, ou Recueil d'airs à Thémire, 3 parties, par M. l'Abbé de l'Attaignant. 3 l. 12 s.

Amusemens Champêtres, ou les aventures de Cythere, Chansons nouvelles à danser, 2 parties. 2 l. 8 s.

Recueils d'Airs & Menuets, Contre-Danses, Parodies, chantés sur les Théâtres de l'Academie Royale de Musique, & de l'Opera Comique, 17 parties, chaque partie se vend séparément, 1 l. 4 s.

Recueils des Menuets, Contre-Danses & Vaudevilles chantés aux Comédies Françoise & Italienne, 13 parties. 15 l. 12 s.

Le Troc, Parodie des Troqueurs, avec toute la Musique. 3 l. 12 s.

Airs choisis des Troqueurs. 1 l. 4 s.

Ariettes du Medecin d'Amour. 2 l. 8 s.

La Musique de la Pipée. 1 l. 10 s.

Ariettes de l'heureux déguisement. 2 l. 8 s.

Ariettes de la Bohemienne de la Coméd. Ital. 2 parties. 3 l. 12 s.

Airs choisis de la Bohemienne de l'Opéra Comique. 1 l. 4 s.

Ariettes du Chinois. 2 l. 8 s.

La Musique de la Fille mal gardée. 2 l. 16 s.

Vaudevilles & Ariettes des Indes dansantes. 1 l. 4 s.

Vaudevilles & Ariettes de Raton & Rosette. 1 l. 10 s.

Musique de l'Yvrogne corrigé. 1 l. 4 s.

Vaudevilles d'Omphale, & de Bastien & Bastienne. 1 l. 4 s.

Ariettes de Ninette à la Cour, 4 parties. 6 l. 18 s.

Ariettes de Blaise le Savetier. 1 l. 4 s.

Musique de la soirée des Boulevards. 1 l. 4 s.

Les Vaudevilles & Ariettes du Ballet des Savoyards 1 l. 4 s.

Menuets nouveaux en Concerto, Contre-Danses, 4 parties. 4 l. 16 s.

Les Loix de l'Amour, ou Recueil de différents Airs, 3 parties. 3 l. 12 s.

Cantatille nouvelle des Talens à la mode, de M. de Boissi. 1 l. 4 s.

Choix de différents morceaux de Musique, 2 parties. 2 l. 8 s.

Le volume se vend 12 livres, & le cahier 24 sols; le tout séparément, & forme 8 volume.

107

www.ingramcontent.com/pod-product-compliance
Ingram Content Group UK Ltd.
Pitfield, Milton Keynes, MK11 3LW, UK
UKHW021529260726
13993UKWH00004B/1888

9 782329 315362